Elena

Elena

A SHORT STORY

BILL VANPATTEN

Copyright © e-version 2017, print 2018 by Bill VanPatten

Cover design by Adam Gammons

ISBN 978-1720813767

Printed in the United States.

INPUT AND MORE

DEDICATION

This story is dedicated to all young people who struggle or have struggled to fit in. It always gets better.

Elena

La fe se refiere a cosas que no se ven, y la esperanza, a cosas que no están al alcance de la mano.

—*Santo Tomás de Aquino*

El verdadero misterio del mundo es lo visible, no lo invisible.

—*Oscar Wilde*

I myself have suffered from hearing voices at night when I'm trying to sleep.

—*Elizabeth George*

PRÓLOGO

31 de mayo

ESCRIBO DESDE LA clínica. El psicólogo dice que escribir es buena terapia. No estoy segura. Además, no necesito terapia. No estoy loca. No estoy enferma. De todos modos, hago lo que el psicólogo dice.

Me llamo Elena Ramírez. Soy de Santa Fe, Nuevo México. También soy de ascendencia mexicana. Creo que es importante mencionar eso. Estoy muy orgullosa de ser latina. Además, vengo de una larga tradición católica. Eso sí es importante mencionar. Porque estoy aquí a causa de la Virgen.

Tengo 17 años. En diez días voy a cumplir 18. Pero hasta entonces, soy menor. No soy adulta—legalmente. Mis padres me han internado aquí. No son malos. Estoy segura de que en sus corazones mis padres creen que están haciendo lo que deben hacer.

Pero no estoy loca. No estoy enferma.

Es que nadie me cree.

No sufro de alucinaciones, como dice el psicólogo. No soy tan imaginativa. Tampoco soy mentirosa. Todo lo que les digo a mis padres, al padre González, a las monjas, al psicólogo todo es verdad.

No sé quién va a leer esto. ¿Lo escribo para otras personas? No lo sé. Quizás lo escribo para mí misma. Quizás es simplemente una terapia, como dice el psicólogo.

Pero repito. No estoy loca. No estoy enferma.

Como dije, estoy aquí a causa de la Virgen. Ella viene y me habla.

Sí. Viene y me habla. Y me enseña cosas…

SEGMENTO 1

2 de junio

MIS PADRES ESTÁN preocupados por mí. Más que preocupados, están "desesperados." Bueno, eso es lo que dicen. Desesperados. Creen que estoy loca.

Soy una de tres. Mis dos hermanos son mayores. Eduardo va a la universidad de Nuevo México donde estudia sociología. Está en su tercer año de estudios posgrados. Es muy inteligente, muy estudioso. Vive con su novio, Jimmy, en Albuquerque. Mis padres son bastante tradicionales y tienen dificultades para aceptar a Eduardo y Jimmy como una pareja. Pero yo adoro a Eduardo. Para mí es casi un ídolo. Siempre me dice, "Elena, puedes ser lo que quieras en la vida." Ya vino dos veces esta semana para verme aquí en la clínica. Jimmy vino con él. Me cae bien Jimmy, con su eterna sonrisa, su optimismo. Entiendo por qué Eduardo lo quiere tanto.

Mi otro hermano, Ernesto, es el mayor. Tiene 27 años y es sargento en el ejército. No lo vemos mucho, por supuesto. Su base está en Fort Hood, Texas. Ya de niño mostró interés en lo militar. Sus juguetes eran soldaditos, tanques, rifles, y llevaba un beret a la escuela. De Halloween se vestía de soldado. Es como que no había otro camino para él. Lo militar corre por sus venas como la sangre. No está casado. Tampoco tiene novia. Dice que no tiene tiempo para una vida personal. La verdad es que Ernesto es muy ambicioso. Seguramente va a ser general algún día. Mis padres están muy orgullosos de él.

¿Y yo? Quiero ser veterinaria. Siento mucho cariño por los animales: perros, gatos, caballos, ardillas, pájaros… todos. Son tan honestos, tan simples. Es fácil comunicarse con los animales, creo. A veces, es más fácil que comunicarse con los seres humanos. Mi santo favorito es San Francisco. Él se preocupaba por los animales. Sobre mi cama en la clínica hay un retablo de San Francisco. Me vigila, como que soy una de sus criaturas.

Pero no es San Francisco quien me hace visita, quien me habla. Es la Virgen. A veces creo que los dos están en el cielo, conversando. San Francisco le pregunta a la Virgen, "¿Cómo anda Elena? ¿Está bien?" Y la Virgen le responde, "Bueno, ya sabes… dadas las circunstancias…"

Quizás tengo más imaginación de lo que admito. Pero las visitas de la Virgen no son imaginarias.

"Elena," me dice, en tonos dulces. "Elena. Tengo un mensaje importante." Y luego me enseña cosas. Me enseña imágenes.

Y yo me marco….

SEGMENTO 2

3 de junio

TUVE UNA SESIÓN con el psicólogo esta mañana. Es un señor de unos 40 años. Ni guapo ni feo. Regular, como dice mi abuela. En su escritorio hay una foto. En la foto está el psicólogo con una mujer y un niño de unos 10 años. Todos sonrientes. Contentos. Como que no tienen ninguna preocupación.

"¿Cómo te sientes?," me preguntó. Siempre me pregunta lo mismo—cómo me siento. Y yo siempre contesto igual.

"Bien."

"¿Puedo ver tus brazos?"

Siempre pide lo mismo. Siempre quiere ver mis brazos, mis piernas. Los examina con cuidado.

"Nada nuevo," dijo, esta vez con una cara plácida, sin emoción. "Eso es bueno."

Él se refería a las marcas en mis brazos. Por eso estoy en la clínica. Porque me marco.

Bueno, él y mis padres dicen que me corto. Pero no me corto. Me marco. Conozco a chicas que se cortan. Se cortan porque sufren de autoestima baja. O se cortan porque así alivian su estrés. O se cortan porque buscan atención. O quién sabe por qué se cortan. Pero yo no me corto. Me marco—a causa de la Virgen. Como dije, ella me enseña cosas.

"¿Cómo son tus sueños?," me preguntó el psicólogo. Siempre me pregunta acerca de mis sueños. Los psicólogos están fascinados con los sueños. A veces le digo que no recuerdo. Así le dije esta mañana. Pero me miró con sospecha.

"Elena, si vamos a progresar en tu terapia, tienes que ser honesta conmigo."

"No necesito terapia."

"Así dices. Pero tus acciones indican lo contrario." Con la cabeza señaló mis brazos.

"¿Y usted no se marca?," le pregunté, haciendo el mismo gesto que él para señalar el tatuaje de su brazo izquierdo. Es un tatuaje de un dragón, en postura de ataque. Una imagen bastante agresiva para alguien cuyo trabajo es ayudar a otros.

"Eso es diferente," dijo.

"¿Cómo es diferente? Usted se marca igual que yo."

"Elena, ya hemos tenido esta conversación. Cortarse es—"

"No," dije interrumpiéndolo. "No cortar. *Marcar.*"

Nos miramos el uno al otro. Me estudiaba. Estoy segura de eso. Me estudiaba. Pero yo simplemente lo miraba— esperando una respuesta. Por fin habló.

"¿Y por qué te marcas?"

"Ya se lo dije. Como ya se lo dije a mis padres. Como ya se lo dije al Padre González."

"Sí, sí. Porque la Virgen te habla."

Asentí con la cabeza.

"Entonces," continuó, "explícame qué representan esas marcas."

Empecé a trazar las marcas de mi brazo derecho con el dedo índice de la mano izquierda.

"No sé," respondí. "Pero creo que son importantes."

"¿Importantes?"

"Sí." Levanté la vista para mirarlo directamente a los ojos. "La Virgen me enseña cosas. Las marcas representan un mensaje."

"¿Y cuál es el mensaje?" Otra vez me estudiaba.

"No lo sé," respondí. Volví a trazar las marcas de mi brazo. "Pero pronto la Virgen me va a revelar todo." Me levanté para irme. "Entonces se lo diré."

Y me fui.

SEGMENTO 3

4 de junio

ANOCHE LA VIRGEN vino a mi cuarto. Vino a medianoche. Siempre viene a medianoche. Según ella, es la Hora Santa.

Habló conmigo. Como de costumbre habló con un tono dulce, casi un susurro. No la vi. Nunca la veo. Solo oigo su voz.

"Elena, cariño," dijo. Cuando me habla, siempre me dice "cariño." "Tengo más que mostrarte."

Y luego empezó a murmurar. Yo, con los ojos cerrados, escuché. Empezó en español, pero luego cambió a otra lengua.

Siempre empieza en español y siempre cambia a una lengua que no entiendo. Creo que es una lengua santa—la lengua de los ángeles, la lengua del Cielo, la lengua de Dios. Aunque no entiendo lo que dice, sus palabras siempre me bañan con una gran alegría. Es una alegría que nunca siento con mi familia, que nunca siento con mis amigos. Una alegría como—como—como una éxtasis. Una alegría completa, sin límite. Una alegría pura. Mi corazón empieza a latir más rápido. Es como que la Virgen misma entra en mi cuerpo y sus palabras corren por mis venas.

Y mi cerebro se llena de imágenes desconocidas. Caras. Figuras. Símbolos. Sí, símbolos. Símbolos que no conozco. Símbolos que no entiendo. Pero sí, son símbolos.

El tiempo pasa y floto sobre la Tierra. Soy parte de algo más grande que la vida misma. Las imágenes se unen con el caos que es el universo. Dejo de pensar. Me desconecto con el mundo. Y luego… y luego… me uno con el negro que llamamos "noche".

Me desperté a las siete de la mañana. En seguida fui al baño donde tengo escondida una navaja. Me senté en el suelo, cerrando mis ojos. Y con la navaja empecé a trazar nuevas líneas en mi piel…

Más tarde, me encontraron en el baño. Me había desmayado. Creyeron que era un intento de suicidio y me llevaron a la sección de urgencias de la clínica. No vieron la sonrisa que llevaba. La alegría de la Virgen aún me acompañaba. O quizás solo llevaba una sonrisa interior, algo que los otros no podían ver. No importa.

Yo estaba contenta….

SEGMENTO 4

5 de junio

ESTA MAÑANA MIS padres vinieron a hacerme una visita.

"Elena," me dijo mi mamá, "¡qué susto!" Me dio un beso en la frente y se sentó al lado de la cama. Agarró mi mano y la acarició. Mi padre se quedó de pie. Miraba los vendajes que cubrían mis brazos. Sus ojos parecían tristes. Las lágrimas querían caer pero él resistía.

"Estoy bien, Papá," le dije. "No te preocupes."

"¿Por qué… por qué…?" Pero mi papá no pudo terminar su pregunta: *¿Por qué haces esto?*

"Papá, no es lo que piensas." Miré a mi mamá. Sus ojos me tanteaban, tratando de ver algo en mi expresión, algo para contestar el "por qué" de mi papá.

"Mamá, estoy bien. Te lo prometo. No quiero matarme. Y no me corto. Como ya les dije varias veces, me marco. Son marcas que la Virgen me enseña."

"El padre González dice que estás confundida," dijo mi mamá. "Que posiblemente…" Pero no pudo terminar su pensamiento. Yo sí pude.

"Que posiblemente sufro de alucinaciones o peor: que el Diablo me habla."

Como pasaba con mi papá, las lágrimas se acumulaban en los ojos de mi mamá. Pero a diferencia de él, mi mamá no se resistió. Empezaron a caer lentamente por sus mejillas.

"Entiendo por qué no me creen," dije, con la voz muy calmada. "Es difícil creer que la Virgen habla con una chica de 17 años de Nuevo México." Mi mamá se limpió las lágrimas con la mano. Mi papá quedó inmóvil—como una estatua, mirándome. Continué.

"Pero, ¿no era igual con Juana de Arco?, ¿con los chicos de Lourdes?" Empecé a animarme. Mi voz subió de tono. "Y tú, Mamá. Y tú, Papá. Ustedes creen en la historia de la Virgen de Guadalupe. ¿Por qué puede hablar la Virgen con un pobre indio campesino en México y no con una chica como yo? ¿Es que yo soy menos que esas otras personas?"

"Elena," imploró mi mamá. "No digas tales cosas. No creemos que—"

La interrumpí. "Pero igual no creen lo que les digo."

Una voz familiar sonó desde la entrada a mi cuarto. "Yo sí te creo." Era mi hermano, Eduardo. Entró y saludó a mis padres.

"Hola, Papá. Hola, Mamá." A mi mamá le dio un beso en la mejilla. Mi mamá ofreció una sonrisa ligera. Mi papá, nada.

"Hola, Hermanita," me dijo Eduardo. Se inclinó hacia mí y me dio un beso en la frente. Miré hacia la puerta.

"¿No vino Jimmy contigo?," pregunté. Mi padre hizo una mueca y bajó la vista para no ver a Eduardo.

"No. No pudo." Jimmy estudia filosofía y religiones comparadas. Y está fascinado con las civilizaciones antiguas.

Mi mamá aclaró la garganta. "¡Qué gusto verte!," le dijo a mi hermano. Vi algo en sus ojos—como que echaba de menos a mi hermano. Cambié mi vista a mi papá. Seguía con su cabeza bajada. Era evidente que no quería mirar a mi hermano a los ojos. ¡Los adultos! ¡A veces son tan niños!

Mi hermano miró los vendajes. "¿Cómo te sientes?," preguntó.

"Estoy bien. Trato de explicarles a Mamá y Papá que no es lo que piensan."

Eduardo asintió lentamente con la cabeza. "A veces es difícil hacerles entender…"

"¡Basta!," dijo mi papá. Lo miré. Tenía los ojos fijos en Eduardo. Su cara estaba roja. "No puedes entrar aquí para causar molestias."

"Papá," dije, "Eduardo no hacía nada. Simplemente—"

"Y tú," dijo, mirándome a mí. "No sé como puedes hacernos esto a tu mamá y a mí."

"Tomás…," dijo mi mamá.

Mi papá hizo un gesto con la mano, como para descartar lo que pasaba. "Voy a la cafetería. Cuando termines aquí," le dijo a mi mamá, "puedes buscarme allí." Y con eso, dio la vuelta y se fue.

"Wow," dijo Eduardo. Pasaron unos segundos de silencio. Luego Eduardo añadió, "Mamá, disculpa. No quería causar molestias."

Mi mamá se levantó. "Eduardo, sabes muy bien que tu papá tiene dificultades para… para…."

"¿Aceptarme?," contestó Eduardo.

Mi mamá miró al suelo. Luego levantó la vista para mirarme a mí. "Debo ir a ver a tu papá. Te dejo con tu hermano." Me dio una palmadita en la mano. En unos segundos, Eduardo y yo nos encontrábamos a solas.

"Elena, siento mucho que—"

"Eduardo, no te preocupes," dije, interrumpiéndolo. "Ven. Siéntate conmigo en la cama." Se acomodó a mi lado. "¿Quieres saber por qué me trajeron aquí a la sección de urgencias?" Asintió con la cabeza.

"Bueno," comencé, "anoche vino la Virgen otra vez. A medianoche, como siempre. Pues, como es su costumbre, me dijo, 'Cariño, estoy aquí...'"

Eduardo se fijó en mí. Sus labios ocultaban una pequeña sonrisa.

SEGMENTO 5

6 de junio

EDUARDO SE QUEDÓ conmigo un rato. Me quité los vendajes para mostrarle las marcas.

"Esta es una que hice antes de venir aquí." Le indiqué una marca con el dedo.

"Y ésta es una que hice anoche." Le indiqué la otra marca.

Eduardo las estudió por unos segundos. "¿Las puedo tocar?," preguntó.

"Si quieres," contesté. Con un dedo empezó a trazar la primera marca. Luego la segunda. Las estudió como un científico estudia un nuevo espécimen.

"Entiendo por qué dices que te marcas," dijo. "Cuando una persona se corta, traza líneas rectas." Fingió cortarse en líneas rectas para mostrar lo que decía. "Pero tus marcas… parecen…" Se quedó mirando las marcas un rato. Luego sacó su celular y tomó unas fotos de mis brazos.

"¿Por qué haces eso?," le pregunté.

"No sé…" Su tono me indicó que *sí estaba pensando* en algo.

"Crees que representan algo, ¿no?"

"Elena, no estoy seguro. Solo sé que algo pasa que no entiendo. Pero sabes que soy tu hermano, que te quiero mucho y que siempre te apoyaré."

"Gracias."

Entonces me dijo que tenía que irse y que me llamaría más tarde. Me dio un besito y se fue.

. . . . .

Durante la noche, los enfermeros me vigilaron como águilas. No vino la Virgen. Esperé y esperé, pero nada. ¿Por qué no vino? ¿A causa de los enfermeros? Seguramente no. ¿A ella qué le importan los enfermeros de la clínica? Además, solo viene como una voz. No es que los enfermeros puedan verla.

Intenté dormir pero fue difícil. Pensé en la visita de mis padres, en la manera en que mi padre trató a Eduardo. Me daba lástima. Mis padres ven a mi hermano como un fracaso, casi como un insulto al nombre de la familia. Pero cuando yo veo a mi hermano, solo veo cariño, amor familiar. Me pregunto cómo me ven mis padres a mí ahora. ¿También me ven como un fracaso? ¿También soy un insulto al nombre de la familia?

La débil luz de la luna se filtraba por la ventana de mi cuarto y yo inspeccioné las marcas de mis brazos—las marcas que tanto le interesaron a mi hermano. ¿Por qué sacó fotos él? ¿Hay algo que no quiere decirme? ¿Qué representan las marcas?

¿Qué quiere la Virgen…?

SEGMENTO 6

8 de junio

¿POR QUÉ SON tan blandas las clínicas? Con las paredes blancas, los pisos sin alfombras, las cortinas de colores pastel. Es como que las decora una persona sin corazón para crear un lugar vacío de emociones. Siento como que estamos en un desierto—un lugar estéril donde los sentimientos están prohibidos. Yo creo que las clínicas deberían ser pintadas de colores alegres, y decoradas con sofás y sillas igualmente vibrantes. Así darían gusto a las personas internadas.

Ya llevo más de una semana en la clínica. No soy la única persona joven aquí. Rebeca es casi de mi edad. Tiene 16 años y sus padres la depositaron aquí porque intentó suicidarse. Digo "depositaron" a propósito. Desde que llegó, sus padres no han hecho ninguna visita. Según entiendo, ven su intento de suicidio como una desgracia. Una "mancha" en el buen nombre de la familia.

Hablé con Rebeca y me dijo que intentó ahorcarse. No es el método típico para las chicas—más típico es tomar pastillas. Parece que las chicas—o mejor, las mujeres—preferimos un suicidio "limpio." Pero yo no entiendo el suicidio. Así le dije a Rebeca.

"A veces no hay remedio," respondió. Su voz sugería que sus pensamientos estaban en otro lugar u otro tiempo y no en el momento de la conversación.

"No," respondí. "No estamos aquí para darnos por vencidos. Estamos aquí para luchar contra los obstáculos. La vida es lo que hacemos de ella." Son palabras de mi hermano, Eduardo, pero creo que representan buenas ideas. Rebeca me miró por un momento y luego empezó a llorar. La abracé e intenté calmarla.

"No, no," le dije, casi con susurro. "No llores. Aquí tienes amigos. Aquí tienes amigos." La miré a los ojos. "Yo soy tu amiga."

Una voz masculina nos interrumpió. "Es bueno tener amigos." Levanté la vista. Era el padre González. Como de siempre, vestía su ropa de clérigo—negra, sin vida. Y me di cuenta de que igual que la clínica, los religiosos no ofrecen un exterior de alegría y bienestar. Su pelo gris y sus ojos perpetuamente cansados completaban el *look*.

"¿Se puede?," preguntó el padre. *No*, pensé, *esta es una conversación privada*. Pero por supuesto asentí con la cabeza y el padre entró. Mirando a Rebeca, dijo, "Y usted, señorita. ¿Cómo se llama?"

"Rebeca," respondió mi amiga, con una voz que apenas se oía. "Rebeca Ortiz."

"Pues, mucho gusto, señorita Ortiz." El padre extendió la mano. Lentamente, Rebeca extendió la suya, insegura de qué hacer con el buen padre.

"Señorita, ¿le molesta si me tomo unos minutos con la señorita Ramírez para hablar con ella en privado?" Era una pregunta pero Rebeca entendió que en realidad era una demanda.

"Por supuesto," respondió. Se levantó para irse.

"No te olvides," le dije, "de lo que hablábamos. ¿Okey?" Ella asintió con la cabeza. Luego se volvió y salió casi corriendo. Los ojos del padre la siguieron.

"Parece buena chica," dijo.

"Sí. Lo es." La verdad era que no quería hablar con el padre y yo esperaba que el tono plano de mi voz se lo indicara. Con un gesto pidió permiso para sentarse y le dije que sí, claro.

"Elena, vine hoy porque estoy preocupado."

"¿Preocupado por…?"

"Por ti." Me estudiaba con sus ojos, igual que el psicólogo. "¿Qué pasó la otra noche?"

"Nada."

Miró los vendajes que cubrían mis brazos. Luego me miró de nuevo. "¿Nada?"

Lo miré directamente a los ojos. "No es lo que usted cree," dije. "No estoy aquí porque quiero matarme."

"Entonces, ¿por qué estás aquí?"

Quise levantarme e irme. Estaba harta de explicar a todo el mundo lo que me pasaba. A mí no me quieren creer. Solo creen lo que quieren creer. Pero no me levanté y no me fui. Solo dije, "Usted sabe por qué."

"Elena—"

Pero no. No deseaba oír lo que él quería decir. "Padre, usted duda que la Virgen se comunique con una nadie como yo. Y no importa cuánto sigo insistiendo en lo que me pasa. No me va a creer. Así que mejor no perdamos el tiempo, ¿no cree? Seguramente hay otra persona que de verdad necesita su ayuda."

"Elena, tus padres—"

Pero no lo dejé terminar. Esta vez, sí me levanté. "Padre, le agradezco su preocupación pero ya lo he dicho varias veces. No es necesario que se preocupe por mí. Ni usted, ni mis padres."

Y sin decir nada más, me fui, dejándolo solo en ese salón sin color, sin vida.

En la noche, la Virgen vino y me habló.

"Cariño. Estoy aquí. Escúchame." Y entonces cambió a esa lengua extraña que no conozco. Como no tenía con qué marcarme, tomé un lápiz y dibujé en una hoja de papel lo que me mostraba. Al día siguiente, en la cafetería, encontraría algo con qué podría transferirlo a mi brazo….

SEGMENTO 7

9 de junio

EL PSICÓLOGO PASÓ por mi cuarto esta mañana. Noté algo en su cara, algo grave.

"¿Qué le pasa, doctor?"

"Eres muy astuta, Elena."

"No sé si soy astuta, doctor. Pero por la expresión de su cara, todo el mundo puede ver que algo le pasa."

Se sentó en la silla al lado de mi cama. Inclinó su cabeza. "Algo pasó anoche," dijo. Después de una pausa, levantó la vista. No sé cómo pero en ese momento supe por qué estaba allí. Sin esperar, hablé.

"Rebeca," dije. "Algo pasó con Rebeca."

No dijo nada. Solo me miraba.

"Se mató," añadí.

Por fin habló. "Lo siento mucho, Elena. Tengo entendido que ustedes eran amigas."

"Sí. Éramos amigas." Miré hacia la ventana. No sé por qué. Era como que no podía seguir mirándolo a los ojos. "¿Cómo lo hizo?"

Vaciló.

"Elena..."

Volví a mirarlo. "Por favor, doctor. Me gustaría saber."

Con un leve suspiro dijo, "Se ahorcó con unos cordones de sus zapatos."

Tragué saliva. Si no me resistía, llegarían las lágrimas. "Gracias, doctor." Se levantaba para irse pero lo detuve. "Doctor, quiero que entienda algo." Me miró. "Quiero que sepa que nunca he tenido ni tengo intención de suicidarme. Como le dije a Rebeca, no estamos aquí para darnos por vencidos. Estamos aquí para luchar contra los obstáculos."

Asintió con la cabeza. "Eres fuerte, Elena. Ahora entiendo eso."

"Otra cosa, doctor."

"¿Sí?"

"Gracias. Gracias por venir. Gracias por decirme en persona lo de Rebeca."

"Si en cualquier momento quieres hablar de esto…"

Los psicólogos siempre dicen eso. *Si quieres hablar…* Pero la verdad era que no quería hablar. Entendía muy bien lo que hizo Rebeca y por qué lo hizo. Intenté persuadirla, pero al final, no pude. No me echo la culpa. La culpa la tiene Rebeca—y quizás los demás que le fallaron.

. . . . .

Durante el almuerzo guardé un tenedor de plástico. Aquí en la clínica creen que los cubiertos de plástico son seguros. Pero yo, con mi tenedor, fui a mi cuarto y en la tarde pude marcarme con lo que me enseñó la Virgen la noche anterior.

Y mientras lo hacía, pensaba en Rebeca. Ahora estaba en manos de la Virgen.

SEGMENTO 8

9 de junio

MI HERMANO VINO a verme en la tarde. Jimmy lo acompañaba. Yo estaba muy contenta de verlos.

"Hi, Cutie." Así siempre me saluda Jimmy. Su pelo rojizo y sus pecas irlandesas siempre me dan alegría. Nos dimos unos besos. Tan pronto como se acomodaron, les dije "¿Quieren ver la marca nueva? Me la enseñó la Virgen anoche." Jimmy y Eduardo se miraron.

"Elena," dijo Eduardo, "por eso estamos aquí. Para hablar de las marcas."

"Pues, miren," les dije. Y con orgullo, les mostré cómo me había marcado con el tenedor de plástico.

Jimmy abrió los ojos. "Jesus, Mary, and Joseph," exclamó. Eduardo empezó a trazar la nueva marca con su dedo.

"Entonces…," dijo, pero no terminó. Intercambió una mirada con Jimmy.

"Entonces, ¿qué?," pregunté. No entendía lo que pasaba entre los dos. Jimmy sacó una hoja de papel.

"Elena, investigué las marcas." Jimmy hablaba español, aunque con un poquito de acento gringo. "No son cosas que inventas tú. Y ahora que nos muestras esta última, estoy seguro." Me enseñó el papel. Lo que vi me sorprendió.

ציא

"¿Qué es esto?," le pregunté.

"Elena, es escritura aramea antigua."

"¿Aramea?" No entendí. Jimmy continuó.

"Lo que está en tus brazos… esas marcaciones… Representan el idioma de Jesús. Y, pues, también de la Virgen María." Seguí mirándolo sin comprender. "Es el arameo antiguo, una forma de hebreo que se hablaba en el Oriente Medio durante la época de Jesús."

Miré hacia Eduardo. Le hizo un gesto a Jimmy. "Anda. Dile."

"Forman una palabra," dijo Jimmy. "La palabra es *rachem*."

Seguí mirándolo, esperando una explicación.

"En la lengua de Jesús, *rachem* quiere decir algo como 'misericordia' o 'amor' dependiendo de la traducción." Sus ojos me tanteaban. "No sé cómo pero alguien o algo está comunicándose contigo en la lengua de Jesús."

"Elena," dijo mi hermano, "es imposible que conozcas esta lengua." Miró hacia Jimmy y luego volvió a mirarme. "Tiene que ser algo… algo… algo que no entendemos." La voz de mi papá cortó la conversación.

"¡Eduardo! ¿Cómo te atreves?" Estaba en el umbral de la puerta, mi mamá detrás de él. "¿Y qué hace él aquí?" Señaló a Jimmy con la cabeza. Jimmy bajó la vista.

"Papá," dije. "Vinieron para hacerme una visita. Por favor, déjalos que…"

"¡Nada de dejarlos!" Dio unos pasos para entrar a mi cuarto. "Eres mi hija y lo que yo mando—"

"Soy tu hija, sí," respondí, elevando la voz. "¡Pero no soy tu propiedad!" En mi vida había gritado a mis papás. Detrás de él podía ver a mi mamá—las lágrimas empezando a caer. Pero seguí. "Eduardo está aquí y yo quiero que esté. Me hace sentir feliz. Y Jimmy también. ¿Y no es importante que me sienta bien aquí, en esta clínica donde ustedes me internaron?" Mi reproche resonó como un cañón.

"E—E—Elena…." Mi papá empezó a tartamudearse.

"Disculpa, Papá. De veras, disculpa. Pero solo Eduardo y Jimmy se preocupan por lo que me pasa. Y solo ellos quieren entender. Los demás, los demás me quieren juzgar. Me dicen 'loca.' Me quieren amoldar para ponerme en una caja con una etiqueta: 'Buena hija.'"

Los ojos de mi papá me miraron con una mezcla de sorpresa y coraje.

"Papá. Por favor." Sentí que asomaban unas lágrimas pero no me permití llorar. "Tienen que entender que soy quien soy, que sufro lo que sufro, que mi vida es mi vida. Y si digo que la Virgen me habla, es porque la Virgen me habla."

Mi papá temblaba. Las manos se le pusieron como dos puñales de furia, dos cartuchos de dinamita a punto de explotar. Detrás, mi mamá ya lloraba sin parar.

"Elena," dijo mi papá, "te digo si no dejas de portarte—"

"¿Portarse cómo?" Era Eduardo, quien se levantó para enfrentar a mi papá. "¿No ven ustedes que algo… algo importante le está pasando a Elena?" Miraba directamente a los ojos de mi papá, desafiándolo. Un poco de baba se acumuló en el rincón de la boca de mi papá. De repente, se cayó al suelo. Mi mamá gritó y Eduardo y Jimmy corrieron a su lado. Luego Jimmy salió y lo oí preguntar por un médico en el pasillo.

"¿Papá?," dije, empezando a levantarme de la cama. Pero una voz sonó entre mis pensamientos. Una voz femenina. La Virgen. Fue la primera vez que la oí durante el día. *Tranquila, hija, tranquila. Todo está bien. Todo está bien.*

Y me desmayé.

SEGMENTO 9

10 de junio

NO SÉ CUÁNTAS horas dormí pero fueron muchas. Me desperté esta mañana y Eduardo estaba a mi lado. Me saludó con una pequeña sonrisa.

"¿Cómo te sientes, Hermanita?"

"Bien. Pero… ¿dónde está Papá?"

"No te preocupes. Está bien. Sufrió un infarto leve y dicen que va a recuperarse con descanso y cuidados. Mamá está con él."

"Eduardo, me siento mal. No quise causar—" Pero Eduardo no me dejó terminar.

"Elena, sé lo que vas a decir. No quiero que pienses así. No hiciste nada. Fue algo físico, algo interno de Papá. Sabes que

él no se cuida, que no come bien. Y con su temperamento...
pues, tarde o temprano su salud iba a ser afectada."

"Pero—"

"Nada de 'peros.' No quiero que te sientas culpable por algo
que no puedes controlar." Justo en ese momento entró
Jimmy.

"Hi, Cutie." Se acercó y me dio un beso en la frente.
"Eduardo y yo tenemos algo para ti." Luego sacó una caja
pequeña de su mochila y me la extendió. "Feliz cumpleaños."

"Feliz cumpleaños," añadió Eduardo.

"¡Es verdad!," dije. "Con todo lo que pasó ayer se me olvidó
por completo." Tomé la caja y la desenvolví. Adentro había
un colgante de oro. Suspendido en el medio era la palabra
amor.

"Es muy bonito," comenté. Y con toda la alegría posible
abracé a los dos.

"Lo habíamos comprado el otro día," dijo Jimmy. "Y después
de darme cuenta de las letras en tu brazo, pues, ahora
Eduardo y yo creemos que es ideal para este cumpleaños."

"Amor. Rachem." Pronuncié las palabras casi como que me
hablaba a mí misma. Y luego añadí, "Misericordia..."

"Anda," dijo Eduardo. "A ver cómo te va." Sacó el colgante y
me lo puso. "Te queda justo."

"Gracias, Hermano. Gracias, Jimmy."

"Este, eh, Elena," dijo Eduardo. "Hay algo que quiero hablar contigo."

"Sí…"

"Hoy cumples dieciocho. Ya eres adulta… es decir, legalmente."

No entendí por dónde iba la conversación. "¿Y qué?"

"Pues, si no quieres estar aquí en la clínica, ya puedes salir."

"Sí, Elena," dijo Jimmy. "No hace falta que tus papás den su consentimiento."

La noticia me pegó como un rayo. ¡Podía irme si quería! Como dije desde el principio, no estaba loca y no tenía por qué estar internada en la clínica. De repente, me sentí aliviada. Pero no duró.

"Papá…," dije. Eduardo dejó escapar un suspiro.

"Elena, ya te dije que va a estar bien. Todo está bien."

Y en ese momento recordé las palabras de la Virgen: *Tranquila, hija, tranquila. Todo está bien. Todo está bien.*

"Okey," dije. "¿Con quién tengo que hablar para salirme de aquí?"

Con una sonrisa, Jimmy respondió. "Voy a hablar con la enfermera." Y salió. Miré a mi hermano.

"Jimmy es muy buena gente," le dije.

"Ya lo sé." Me tomó las manos. "¿Te puedo decir algo en confianza?"

"Por supuesto."

"Me ha pedido que me case con él."

No pude contener mi alegría. Abracé a mi hermano. "Ay, ¡qué emoción!"

"No sé cómo van a reaccionar Mamá y Papá. Ahora, lo de Papá me da duda…"

Lo agarré de la cara y lo miré directamente a los ojos.

"Eduardo, no te preocupes. Ya verás. Papá lo aceptará." Y sonreí. "No sabes lo contenta que estoy por ti." Eduardo también sonrió.

Y pensé en mi papá. Sí, sí. Lo aceptará. Toqué mi colgante. Y pensé: *Amor. Misericordia. Rachem.*

EPÍLOGO

24 de junio

YA LLEVO CASI dos semanas fuera de la clínica. La Virgen ya no viene en la noche. No la oigo como antes.

La echo de menos.

Mi papá salió del hospital y si se cuida y mantiene su dieta, dicen que tendrá una vida larga y buena. Su infarto le dio mucho susto, claro, y creo que lo llevó a pensar un poco en sus relaciones con la familia. Le conté lo que pasó con Rebeca en la clínica. Mi padre me miró simplemente y dijo, "Nunca quisimos eso." Luego tomó mi mano en la suya y agregó, "Eres buena hija, buena persona. Me alegra tenerte en casa de nuevo."

Eduardo les dijo a mis padres que se casa con Jimmy y, aunque mi padre todavía no entiende a mi hermano, le respondió, "Si tú estás contento, yo estoy contento por ti." Como parece que mi hermano mayor, Ernesto, no se casará nunca—y quién sabe lo que voy a hacer yo—mi mamá está contenta de poder planificar una boda para por lo menos uno de sus hijos. La Virgen tenía razón. Todo está bien.

Amor. Misericordia. Rachem.

Durante una de las visitas de la Virgen en la clínica, ella me dijo el nombre de una persona. No sabía por qué me lo dijo pero ahora creo que es alguien que debo buscar, con quien debo hablar. Haré todo lo posible para encontrarlo. Se llama Diego Torres.

Y ahora no sé si voy a seguir escribiendo. No hay un psicólogo que me diga que es buena terapia. Así que es posible que esta página sea la última que escribo. Termino repitiendo lo que dije al principio.

No estoy loca. Y no estoy enferma.

Y agrego lo siguiente: siento que en la vida todo es posible.

FIN

Get a glimpse of the new story "Daniel" also from Input and More

PRÓLOGO

TENGO VISIONES. NO sé de donde vienen.

Pero vienen.

No son como películas. No tienen comienzo, medio y fin. Más bien son como fotos. Fotos de personas. Fotos de escenas. Escenas aisladas. Escenas congeladas en un momento específico.

La mayoría son benignas. Un letrero que dice "No stopping here" o "Form one line." Son visiones de objetos inanimados. No sé qué representan. Posiblemente no representan nada.

Otras visiones son inquietantes. Estas visiones son de personas. Como la visión de la mujer rubia… Pero de eso voy a hablar más tarde.

Ocurren cuando no las espero. Ocurren durante el día. Ocurren durante la noche. Camino por Halsted y tengo una visión. Tomo el tren y tengo una visión. Estudio en Starbucks y tengo una visión. Me ducho y tengo una visión.

Así ocurren. Sin mi permiso. Cuando no las espero.

Son unos intrusos.

ABOUT THE AUTHOR

BILL VANPATTEN is International Superstar and Diva of Second Language Acquisition. He was professor of Spanish and Second Language Acquisition for three decades before dedicating himself full-time to writing. You can read more about him at sites.google.com/site/bvpsla.

Made in the USA
Middletown, DE
29 April 2024

53640533R00033